Humanwissenschaftliche Grundlagen der Sozialen Arbeit

Andreas Bauer

Bibliografische Information der Deutschen Nationalbibliothek:

Die Deutsche Nationalbibliothek verzeichnet diese Publikation in der Deutschen Nationalbibliografie; detaillierte bibliografische Daten sind im Internet über http://dnb.d-nb.de abrufbar.

ISBN: 9783346465467
Dieses Buch ist auch als E-Book erhältlich.

© GRIN Publishing GmbH
Nymphenburger Straße 86
80636 München

Druck und Bindung: Books on Demand GmbH, Norderstedt Germany
Gedruckt auf säurefreiem Papier aus verantwortungsvollen Quellen

Das vorliegende Werk wurde sorgfältig erarbeitet. Dennoch übernehmen Autoren und Verlag für die Richtigkeit von Angaben, Hinweisen, Links und Ratschlägen sowie eventuelle Druckfehler keine Haftung.

Das Buch bei GRIN: https://www.grin.com/document/1043498

Einsendeaufgabe

Humanwissenschaftliche Grundlagen der Sozialen Arbeit

Alternative A

Studiengang:

Soziale Arbeit (B.A.)

SRH Fernhochschule

Bearbeitet durch:

Andreas Bauer

Studiengang: Soziale Arbeit (B.A.)

Datum der Einreichung: Mittwoch, 19. Mai 2021

Inhaltsverzeichnis

I.Abkürzungsverzeichnis

Bspw	= Beispielsweise
bzgl.	= bezüglich
Bzw.	= beziehungsweise
u.a.	= unter anderem
c.a.	= circa
v.Chr.	= vor Christus
a. a. O.	= am angegebenen Ort
Abb.	= Abbildung
Aufl.	= Auflage
Bd.	= Band
Bde.	= Bände
Diss.	= Dissertation
ebd.	= ebenda
et al.	= und andere
f.	= folgende Seite
ff.	= folgende Seiten
Hrsg.	= Herausgeber
Jg.	= Jahrgang
o. J.	= ohne Jahr
o. O.	= ohne Ort
o. V.	= ohne Verfasser
o. S.	= ohne Seite
vgl.	= vergleiche

II.Abbildungsverzeichnis

Teilaufgabe A1

1.1 Einleitung

Scheinbar selbstverständlich gehen wir im mit dem Begriff „Psychologie" um. Er begegnet uns in den verschiedensten Bereichen unseres Lebens. Ein Fußballspieler der einen Elfmeter verschießt, ist der Situation „psychisch" nicht gewachsen, oder ein Lehrer meldet Besorgnis an da sein Schüler über einen längeren Zeitraum „psychisch" auffällig geworden ist. Warum fällt es uns so leicht, Situation oder menschliches Verhalten im alltäglichen Leben „psychologisch" zu bewerten, ohne dass wir uns jemals tiefer mit dieser Wissenschaft beschäftigt haben? Dazu werden im Folgenden die Begriffe der Alltags- und der Wissenschaftspsychologie voneinander abgegrenzt.

1.2 Psychologie im Alltag – ein ständiger Begleiter

Die Alltagspsychologie wird oft als Laien- bzw. Küchenpsychologie bezeichnet, was im ersten Moment etwas abwertend klingt. Tatsächlich beschreibt die Alltagspsychologie aber überlebensnotwendige, menschliche Theorien, die uns helfen die bewussten und unbewussten Entscheidungen des Alltags bspw. über Vertrauen oder Sympathie, zu treffen. Diese Theorien entwickeln wir aus dem sozialen Umgang mit anderen Menschen, indem wir Annahmen über deren Persönlichkeit treffen. Durch Beobachtung und Interpretation, versuchen wir das Verhalten anderer zu verstehen oder gar vorherzusagen, um Orientierung und Entscheidungsgrundlagen zur Bewältigung des Alltags zu bilden.[1] Wir können nur vermuten, ob eine Person der oder die richtige Partner/in für uns ist oder der Bekannte das geliehene Geld zurückzahlen wird oder nicht. Wir verlassen uns auf unsere Intuition, auf unser „Bauchgefühl", ohne zu reflektieren oder zu überprüfen, weshalb wir eine bestimmte Entscheidung getroffen haben.[2] Die Alltagspsychologie kann demnach zwar gut für Erklärungen und Vorhersagen bestimmter Verhaltensweisen im Alltag dienen, ist aber unbrauchbar, um

---

[1] Vgl.:(4. Alltagspsychologie, Laienpsychologie und Küchenpsychologie – WPGS, o. J.)
[2] Vgl.:Petra Prof. Dr. Arenberg, Einführung in die theoretischen Ansätze der Psychologie, Studienbrief SRH Fernhochschule Titel Nr.: 1156-02", o. J.

wissenschaftliche Erkenntnisse zu gewinnen, da es hierfür in den empirischen Wissenschaften strenge Regeln gibt.[3]

Definiert wird die Alltagspsychologie als *„ein System kulturell tradierter Überzeugungen über menschliches Erleben und Verhalten und dessen Ursachen.“*(Prof. Dr. Arenberg, o. J.)

1.3 Psychologie als Wissenschaft

Um zu verstehen, weshalb die Psychologie eine Wissenschaft ist, muss ein Blick auf deren historische Entwicklung geworfen werden. Denn die Ursprünge des Wortes „Psychologie" lassen sich bis in die Antike zu Platon und Aristoteles zurückverfolgen. Damals noch Teil der Philosophie und als „Seelenkunde" bezeichnet, leitete sich davon später aus dem griechischen „psyche (Seele) und „logos (Wort, Kunde, Lehre) das Wort „Psychologie" ab. Seither entwickelte sich die Psychologie zu einer eigenen wissenschaftlichen Disziplin, die sich zunehmend mit dem menschlichen Erleben und Verhalten im Kontext zu Naturphänomenen auseinandersetzte. Aus diesem Grund knüpft die Psychologie heute sowohl an die Geistes- als auch den Naturwissenschaften an. Durch vermehrte Experimente und genaue Beobachtung, konnten schließlich erste psychologische Gesetzmäßigkeiten abgeleitet werden. Seither versteht sich die Psychologie als empirische Wissenschaft vom (menschlichen) Erleben und Verhalten, die den methodischen Regeln der wissenschaftlichen Forschung folgt. Im Laufe der Zeit entwickelten sich innerhalb der Psychologie weitere unterschiedliche Schulrichtungen und Unterdisziplinen.[4]

1.4 Abgrenzung Alltags- zu Wissenschaftspsychologie

Eine Abgrenzung von Alltags- und Wissenschaftspsychologie lässt sich durch Betrachtung der Vorgehensweise in beiden Disziplinen vornehmen.

---

[3] Vgl.:(*Neyer und Asendorpf - 2018 - Psychologie der Persönlichkeit.pdf*, o. J., S. 6)
[4] Vgl.:(Müsseler & Rieger, 2017)

In der Alltagspsychologie werden schnelle Annahmen getroffen die undifferenziert verallgemeinert werden. Aus persönlichen Erfahrungen werden vorschnelle Schlüsse/Theorien gezogen, die aber nicht überprüfbar oder wiederholbar sind. Die wissenschaftliche Psychologie hingegen stützt sich auf empirische Forschungsmethoden um die Prozesse des menschlichen Denkens, Fühlens und Handelns zu beschreiben, zu erklären, vorherzusagen und zu verändern. Klar festgelegte Regeln zur Durchführung von Untersuchungen und Experimenten führen zu deren Wiederholbarkeit und zur Vermeidung von subjektiven Einflüssen auf die Ergebnisse. Forschung und Statistik werden dabei zur Erhebung der Datengrundlagen genutzt.

Folgende Grafik zeigt die wesentlichen Abgrenzungsmerkmale zwischen Alltags- und Wissenschaftspsychologie noch einmal veranschaulichen.

Alltagspsychologie	Wissenschaftspsychologie
- Nutzt keine wissenschaftlichen Forschungsmethoden - Nicht überprüfbar/wiederholbar - Subjektiv - Verallgemeinerungen - Nicht systematisch	- Nutzt empirische Forschungsmethoden - Nutzt Untersuchungen /Experimente zur Erkenntnisgewinnung - Überprüfbar/Wiederholbar - Objektiv - Allgemein gültig - Systematisch gewonnen

Abbildung 1: Abgrenzungsmerkmale zwischen Alltags- und Wissenschaftspsychologie. (Quelle: Eigene Darstellung)

1.5 Empirische Untersuchung eines Alltagsphänomens in der Psychologie am Beispiel des „Bystander-Effekt"

In der Sozialforschung wird zwischen theoretischer und empirischer Forschung unterschieden. Die theoretische Forschung baut auf bestehenden Theorien auf und entwickelt sie weiter. Die empirische Forschung basiert hingegen auf Erfahrungen und Beobachtungen aus der sozialen Welt, um daraus Theorien abzuleiten und Erkenntnisse zu gewinnen. Innerhalb der empirischen Sozialforschung kann wiederum zwischen qualitativer und quantitativer Forschung unterschieden werden. Die quantitative Forschung beschreibt und interpretiert verschiedene Sachverhalte in Form von Zahlen, die vorher auf einer möglichst breiten Basis gesammelt wurden. Die qualitative Forschung verfolgt dagegen den Ansatz, einen Untersuchungsgegenstand verbal und möglichst in seiner ganzen Tiefe zu beschreiben und zu interpretieren.[5]

1.5.1 Die fünf Phasen des empirischen Forschungsprozesses am Beispiel des „Bystander-Effekts"

Empirische Forschung muss als Prozess gesehen werden, der sich in fünf Phasen untergliedern lässt. Anhand des folgenden Beispiels zum „Bystander-Effekt" soll dieser Prozess anschaulich erklärt werden.

Beispiel: Ein Mann bricht vor einem Supermarkt in sich zusammen. Obwohl mehrere Kunden den Supermarkt betreten und wieder verlassen, bleibt der Mann 20 Minuten auf dem Boden liegen, ohne dass Hilfe kommt. Als dann schließlich doch der Notarzt eintrifft, ist es leider bereits zu spät.

Phase 1: Problemdefinition

Zu Beginn einer empirischen Untersuchung muss das Forschungsproblem definiert werden. Dabei ist wichtig zunächst die Frage zu beantworten „Was das konkrete Ziel der Forschung ist?", um daraus das Forschungsproblem ableiten zu können. In Bezug auf unser Beispiel können beide Punkte wie folgt definiert werden:

* Forschungsziel: *Ziel der empirischen Forschung ist es, herauszufinden warum Menschen dazu neigen, bei Anwesenheit weiterer Individuen in Notsituationen keine Hilfe zu leisten?*
* Forschungsproblem: *Warum neigen Menschen in Anbetracht einer akuten Notsituation in Anwesenheit weiterer passiver Individuen dazu, das Geschehen eher zu beobachten als selber einzugreifen?*

Phase 2: Planung und Vorbereitung der Erhebung

In der Planungs- und Vorbereitungsphase der Untersuchung wird geprüft, ob es bereits Literatur bzw. Vorwissen zur Problemstellung gibt. In unserem Beispiel

---

[5] Vgl.: *(Berger-Grabner - 2016 - Wissenschaftliches Arbeiten in den Wirtschafts- un.pdf*, o. J., S. 109 ff)

könnte die Literatur von John M. Darley und Bibb Latané zum Mordfall „Kitty Genovese im Jahr 1964 mit einbezogen werden. Dieser Fall gilt als Ausgangspunkt aller Forschungen zum Thema „Bystander-Effekt".[6] Auf Basis der durch die Recherche gewonnenen Erkenntnisse, lassen sich im nächsten Schritt der zweiten Phase Annahmen treffen, deren Gültigkeit zwar nicht bewiesen ist, welche aber zur Klärung unserer Forschungsfrage beitragen können. Dieser Vorgang wird als „Hypothesenbildung" bezeichnet.[7]

- Die Hypothese in unserem Beispiel lautet: *Je mehr Leute einer Gefahrensituation beiwohnen, umso unwahrscheinlicher und umso langsamer würde einer der Zuschauer eingreifen und helfen.*

Phase 3: Datenerhebung

In der Phase der Datenerhebung werden die strategischen Rahmenbedingungen für die Untersuchung gesetzt und die Forschungsmethode dazu entwickelt. Es gibt eine ganze Reihe an qualitativen und quantitativen Erhebungsmethoden, die genutzt werden können. Neben der Befragung und der Beobachtung, stellen die Inhaltsanalyse und die nicht-reaktiven Methoden die am häufigsten angewandten Verfahren dar. Während reaktive Methoden (bspw. ein Fragebogen) das Verhalten von Versuchspersonen provozieren, zeigen nicht-reaktive Methoden das unaufgeforderte Verhalten, da die Person nicht weiß, dass sie beobachtet wird. Gerade für unser Experimenten, in dem es um Hilfeverhalten geht, ist das unbeeinflusste Verhalten von Individuen besonders wichtig für die Qualität der Daten.[8]

Im Experiment könnte bspw. eine Situation nachgestellt werden, in der einem Lockvogel vor einem gut besuchten Geschäft eine Tüte mit Einkäufen herunterfällt. Zur Datenerhebung gibt es Beobachter, die die Ereignisse genau dokumentieren, männliche und weibliche Lockvögel. Die Beschreibung des Versuchsablaufes würde in der Realität weitaus detaillierter ausfallen, würde den Rahmen dieser Arbeit allerdings sprengen.

---

[6] Vgl.: (Urschler, 2018)
[7] Vgl.: (*Rauch - 2019 - Empirische Analyse.pdf*, o. J., S. 87 ff)
[8] Vgl.: (Berger-Grabner, 2016)

Phase 4: Datenauswertung und Analyse

Nach der Datenerhebung müssen die Daten adäquat ausgewertet und analysiert werden. Dies ist ein entscheidender Schritt, denn nicht selten sind die gewonnenen Datenmengen sehr groß. Um die Rohdaten verwertbar zu machen, müssen sie statistisch aufbereitet werden und können dann u.a. mittels Software ausgewertet werden. Für unser Beispiel würden Daten über Personenanzahl, Geschlecht und Reaktionszeiten tabelliert oder kategorisiert werden.

Phase 5: Diskussion und Interpretation

In der letzten Phase einer empirischen Forschung, werden die Ergebnisse in einem detaillierten Ergebnisbericht bzw. in Form einer wissenschaftlichen Arbeit festgehalten. Auf dieser Basis können die Ergebnisse kritisch diskutiert und ggf. repliziert werden.

Teilaufgabe A2

2.1 Einleitung

Das Wort „Pädagogik" leitet sich vom altgriechischen Begriff „paidagogos" (Erziehung, Bildung) ab. Nach Gudjons (2001, 13) ist die Pädagogik als Wissenschaft von der Erziehung, mit der Errichtung des ersten Lehrstuhls für Pädagogik an der Universität Halle im Jahre 1779 ca. 200 Jahre alt. Verglichen mit der Philosophie, Psychologie oder den Rechtswissenschaften eine sehr junge Disziplin. Im Gegensatz dazu steht die Tatsache, dass Erzieherisches Handeln als Bestandteil des gesellschaftlichen Lebens, so alt wie die Menschheit selbst sein dürfte.(Gudjons & Taub, o. J., S. 13) Diesem Gegensatz ist geschuldet, dass wir uns in der Zeitgeschichte sehr weit zurückbegeben müssen, möchten wir die maßgeblichen, historischen Einflüsse auf die Entwicklung der Pädagogik erfassen. Die folgenden Punkte geben einen Überblick über die größten Einflussfaktoren auf die Entwicklungsgeschichte der Pädagogik, von der Antike bis ins 19. Jahrhundert, da sich in dieser Zeitspanne die grundlegendsten, geschichtlichen Einflüsse ereigneten. An dieser Stelle muss auf den Anspruch der Vollständigkeit verzichtet werden im Sinne davon, dass hier die gesamte Erziehungs- und Bildungsgeschichte der Menschheit vollumfänglich abgebildet werden kann. So kann bspw. nur auf zwei der berühmtesten Pädagogen der Neuzeit eingegangen werden, Comenius und Rousseau, um den Rahmen dieser Arbeit nicht zu sprengen.

2.2 Bildung und Erziehung in der Antike

Wie in der Einführung bereits erwähnt, findet das Wort „Pädagogik" seinen Ursprung in der griechischen Antike. Im 4. Bis 5. Jahrhundert v. Chr. diente die „paideia" (Jugenderziehung) im antiken Griechenland vorwiegend dem Ziel, durch körperliche Ertüchtigung, Musik und Gottesfurcht dem damals vorherrschenden gesellschaftlichen Ideal möglichst nahe zu kommen und auf das Leben in den Stadtstaaten (polis) vorzubereiten. Die Olympischen

Wettkämpfe verkörperten dieses heroische Ideal und brachten seinen Gewinnern den höchsten möglichen Ruhm in der griechischen Welt.

Paideia repräsentierte für die alten Griechen eine vollkommene Erziehung, die sowohl der Gestaltung des Körpers als auch des Geistes diente und nur den Kindern des Adels zu Teil wurde. Eine extreme Form dieses Bildungssystems praktizierten die Spartaner. Sie setzten schwach geborene Kinder ohne Umschweife aus, während die übrigen nur bis zum 6. Lebensjahr der mütterlichen Geborgenheit überlassen wurden. Anschließend wurden die Knaben einer öffentlichen, militärische Erziehung in kasernenartigen Einrichtungen übergeben. Auch die Mädchen wurden einer strengen körperliche Erziehung unterzogen, denn die Spartaner glaubten, dass sie nur so starken Nachwuchs gebären und notfalls auch noch das Land verteidigen können. In anderen Teilen Griechenlands entwickelten sich Bildung und Erziehung in eine eher bürgerliche, gesellschaftliche Richtung. In Athen konnten Familien mit den entsprechenden finanziellen Mitteln, zum Beispiel die Dienste von Privatlehrern in Anspruch nehmen. Dieses Privileg wurde allerdings nur den Knaben zuteil. Besonders interessant dabei ist, dass die Knaben meist von Sklaven, sogenannten „Pädagogen" (Knabenführern) zu den Privatlehrern gebracht wurden. Mädchen durften nicht unterrichtet werden, denn für sie galt ein eigenes Bildungsideal, dass auf Schönheit und gutem Benehmen basierte. Es gibt jedoch Hinweise darauf, dass Mädchen und Frauen an kulturellen Veranstaltungen wie Götterfesten oder Theateraufführungen teilnehmen durften. [9]

Ein Wandel des griechischen Bildungssystems vollzog sich erst ab ca. 400 v. Chr. Jungen wie Mädchen durften bereits Philosophenschulen besuchen, in denen nach Platon die Philosophie als einzige Leitwissenschaft gelehrt wurde. Bis etwa 390 v. Chr., ein Redner namens Isokrates ein neues Weltbild und damit einen neuen Bildungs- und Erziehungsstiel (den des Weltbürgers) etablierte. Dieser fand soviel Anklang, dass er weit über die Grenzen Athens bekannt wurde. Isokrates eröffnete daraufhin eine eigene Akademie, die in Konkurrenz zur Platons Philosophenschule stand. Der Unterricht von Isokrates vermittelte im Gegensatz zum philosophischen Ansatz von Platon, vorwiegend rhetorische

---

[9] Vgl.: Hermann Weimer und Juliane Jacobi, *Geschichte der Pädagogik*, 19 ff., völlig neu bearbeitete Aufl, 10, Sammlung Göschen 2080 (Berlin ; New York: W. de Gruyter, 1992).

Inhalte sowie Lese- und Schreibunterricht. Beide Konzepte stellten die höchste Form der Erziehung bzw. der Bildung in der Antike dar.[10] Auch die Römer konnten sich dem Vormarsch der griechischen Bildungskonzepte nicht entziehen. Im 3. Jahrhundert v. Chr. wurde die griechische Kultur in Rom zum Trend. Der Besuch von Schulen in denen griechische Sprache und Literatur gelehrt wurde, entwickelte sich zum Statussymbol für höchste Bildung und Reichtum. Besonders reiche Römer hielten sich sogar gebildete griechische Sklaven, die ihren Kindern die griechische Sprach und Kultur beibrachten.

Im letzten Jahrhundert vor Christus gewann die Rhetorik durch große politische Redner wie Chicero oder Cäsar zunehmend an Bedeutung. Es bildeten sich eigene Rhetorikschulen und fortan galt es als Maß der Dinge im gesamten römischen Reich, sowohl die lateinische als auch die griechische Sprache in Wort und Schrift zu beherrschen.

2.3   Bildung und Erziehung im Mittelalter

Mit zunehmender Ausbreitung des Christentums im 2. Und 3. Jahrhundert, wuchs der Einfluss der Kirche auf das Bildungs- und Erziehungsverständnis der Menschen stetig an. Ein Grund dafür, dass sich immer mehr Menschen dem Christentum zuwandten lag vermutlich darin, dass die Kirche den Menschen einen neuen Glauben, eine neue Sprache und die Kombination aus christlich-religiösem und hellenistisch-römischen Bildungsgütern bot. Anfang des 7. Jahrhunderts wurden Klöster und Kirchen schließlich zum Dreh- und Angelpunkt aller erziehersicheren Maßnahmen. Die zunehmende Popularität des christlichen Glaubens nutze die Kirche zum Zweck der Nachwuchsgewinnung. Priester und Mönche versuchten vermehrt Einfluss auf Jungen und Jugendliche zu nehmen, Mädchen und Frauen waren gänzlich vom Bildungs- und Erziehungskonzept der Kirche ausgeschlossen. Beispielhaft für den zunehmenden Einfluss der Kirche ist die Tatsache, dass wohlhabende Familien der Kirche einzelne Söhne schenkten (sog. pueris oblati, Kindermönche) um deren bestmögliche Erziehung

---

[10] Vgl.: Birgitta Fuchs, *Geschichte des pädagogischen Denkens - 9783838552705* (Verlag Barbara Budrich Opladen & Toronto 2019, o. J.), 49 ff, zugegriffen 3. Mai 2021.

zu erreichen. Im Vordergrund stand weniger die Vermittlung von Wissen, viel mehr sollte den Kindern christliches Verhalten beigebracht werden.(*Weimer und Jacobi - 1992 - Geschichte der Pädagogik.pdf*, o. J.)

Mit dem Zerfall der Antike und der Ausbreitung der christlichen Welt im frühen Mittelalter vollzog sich also ein wesentlicher Wandel in der Bildungs- und Erziehungskultur. Wo Wissen in der Antike noch auf Markplätzen oder im eigenen Zuhause vermittelt wurde, formte die Kirche erstmals systematisierte, schulähnliche Zentren der Erziehung und Wissensvermittlung.

Mit Einbruch des Spätmittelalters im 11. Jahrhundert entwickelten sich drei wesentliche Stände in der Gesellschaft und damit verbundene, eigene Bildungs- und Erziehungsmaßstäbe. Neben dem geistlichen, gab es den ritterlichen und den bürgerlichen Stand. Die größte Entwicklung erfuhr der geistliche Stand während des 12. und 13. Jahrhunderts. Trotz des übermächtigen Einflusses der Kirche, wuchs die Wissensbegierde der Menschen über die Gesetzte und Zusammenhänge in der Natur. Dort wo die Kirche keine Antworten mehr liefern konnte, schauten die Menschen genauer hin und es entwickelte sich eine ernstzunehmende Konkurrenz zum Glauben: die Wissenschaft.[11]

So wurde in den Klosterschulen zunehmend versucht, die oft sehr widersprüchlichen Ansichten der Philosophie mit denen der Religion in Einklang zu bringen. Diese Methode wurde als „Scholastik" bezeichnet.

„Es galt nicht, den Glauben an sich zu beweisen, sondern die unumstößliche Wahrheit, die er bereits hatte, logisch begründen zu können. Glaube sollte also nicht durch Wissenschaft ersetzt werden, sondern vielmehr mit ihr verbunden werden. Außerdem war es Ziel der Scholastik, dem einfachen Menschen das Übernatürliche näherzubringen und geordnetes Verständnis zu schaffen."(*Scholastik | Thema | Herder.de*, o. J.)

Die Methode der Scholastik hatte großen Einfluss auf die weitere Entwicklung der Bildungs- und Erziehungsgeschichte des Mittelalters, denn sie erfreute sich so großer Beliebtheit, dass sich schon bald freie Lehr- und Lebensgemeinschaften außerhalb der Klosterschulen bildeten. Die so genannten

---

[11] Vgl.: (WDR, 2021)

„Universitas magistrorum et scolarium" gelten als Vorläufer unserer heutigen Universitäten und stellten die nächste Stufe im höheren Bildungswesen dar.[12]

2.4 Comenius und Rousseau, zwei große Pädagogen der Neuzeit

Mit Beginn der Neuzeit im 14. Jahrhundert, entwickelte sich ein völlig neues Weltbild, welches nicht mehr die Kirche zum Zentrum allen Denkens und Handelns machte, sondern die Natur und den Menschen. Große Erkenntnisse und Entdeckungen wie bspw. die des amerikanischen Kontinents oder der Tatsache, dass nicht die Erde im Zentrum des Universums steht, sondern die Sonne, prägten diese Zeit. Die Menschen drängten zunehmend aus den Dörfern in die Städte, da es hier mehr Arbeit und mehr Geld zu verdienen gab. Die Kinder dieser Zeit hatten es wahrlich nicht leicht. Sie mussten entweder als billige Arbeitskraft herhalten oder konnten -in finanziell besser gestellten Familien- eine Schule besuchen in der Zucht, Ordnung und körperliche Züchtigung den Alltag bestimmten. Aber sie lernten lesen und schreiben, was in der Neuzeit eine zunehmend wichtige Rolle spielte. Bisher war das Lesen nur gelehrten und geistlichen möglich und Literatur gab es ausschließlich in handgeschriebener Form. Mit Erfindung des Buchdrucks änderte sich dies und die Literatur der Neuzeit wurde einer breiteren Masse zugänglich.[13] Der Buchdruck ermöglichte es schließlich auch zwei großen Pädagogen der Neuzeit, Comenius und Rousseau, ihre Thesen und Ideen zu Bildung und Erziehung über den gesamten Kontinent zu verbreiten.

In einer Zeit die vom 30-jährigen Krieg, religiöser Verfolgung und der Pest gezeichnet war, hatte Johann Amos Comenius (1592 – 1670) die Vision, dass durch eine bessere Erziehung, besser gebildete Menschen heranwachsen und somit eine friedlichere Welt entsteht. Er setzte sich dafür ein, dass Bildung nicht nur den privilegierten zuteilwurde und wirkte an vielen Reformationsprozessen in Bildung und Erziehung des neuzeitlichen Europas mit. Als Begründer des ersten überzeugenden Konzeptes zur Allgemeinbildung, stellte er bereits die Forderung

---

[12] Vgl.: (*Universitäten (Spätmittelalter) – Historisches Lexikon Bayerns*, o. J.)
[13] Vgl.: Postman, Neil: Das Verschwinden der Kindheit. S.Fischer Verlag GmbH, Frankfurt am Main 1985. S. 38.

nach Bildung für alle und als Basis für Frieden und Gerechtigkeit.[14] In seinem Werk „Große Didaktik" (lat. Didactica magna) entwirft Comenius schließlich erstmals einen stufenweisen Unterrichtsplan der Vorschläge zum effektiven Lernen, also vom leichten zum schweren oder vom allgemeinen zum besonderen enthält. Ebenfalls enthalten ist ein neues Konzept zum Unterricht in altersgleichen Klassen und zum gleichzeitigen Unterrichten aller Kinder durch den Lehrer.[15]

Jean-Jaques Rousseau (1712 – 1778) wurde 1712 in Genf geboren. Früh erlitt Rousseau einen Schicksalsschlag durch den Tod der Mutter und wurde fortan von seinem Vater und einer Tante aufgezogen. Als sein Vater einige Jahre später zudem wegen illegaler Machenschaften aus Genf fliehen muss, endet seine behütete Kindheit abrupt. Der junge Rousseau musste im Laufe seiner Kindheit und Jugend viele enttäuschende und schmerzhafte Erfahrungen sammeln, wurde von einem Onkel misshandelt und von einem Lehrmeister fast totgeprügelt. Zuflucht fand er lediglich in seinen Büchern, die er bereits im frühen Kindesalter mit seinem Vater las.[16] Später zog es Rousseau nach Paris, wo er sich zunächst intensiv der Musik widmet und sogar eine Oper komponiert. Bekanntheit erlangt Rousseau erstmals durch die eigensinnige Beantwortung einer Preisfrage an der Akademie von Dijon. *„Hat die Wiederherstellung der Wissenschaften und Künste zur Reinigung der Sitten beigetragen?"* *ROUSSEAUs gegen den Zeitgeist und die französische Gesellschaft gerichtete Antwort lautet: Nein, und diese Antwort macht ihn bekannt; er gewinnt den ersten Preis der Ausschreibung."*[17]

Sein pädagogisches Hauptwerk schuf Rousseau 1762 mit dem fünfbändigen Erziehungsroman „Emile ou de l'éducation" (Emile oder über Erziehung). Anhand einer exemplarischen Geschichte beschreibt Rousseau darin, dass der Mensch von Natur aus gut ist, aber durch den Einfluss der Kultur negativ in seiner Entwicklung beeinflusst wird. *„Rückkehr zur Natur! heißt daher Rousseaus*

---

[14] Vgl.: (Kuhlmann, 2013, S. 22)
[15] Vgl.: (Gudjons & Taub, o. J., S. 85)
[16] Vgl.: (Raithel et al., 2009)
[17] (Raithel et al., 2009) Jürgen Raithel, Bernd Dollinger, und Georg Hörmann, Hrsg., „Jean-Jacques Rousseau (1712–1778)", in *Einführung Pädagogik: Begriffe · Strömungen Klassiker · Fachrichtungen* (Wiesbaden: VS Verlag für Sozialwissenschaften, 2009), 103

Losung. Das beste Mittel dazu bietet die Erziehung; aber nicht die bisher beliebte Standeserziehung, sondern eine solche, die den Menschen in seinem natürlichen Zustand als Menschen bewahrt. Ihre wichtigste Aufgabe ist es, die natürlichen Anlagen des Kindes sich ungestört entwickeln zu lassen und alles fernzuhalten, was diese Entwicklung hemmen könnte. So wird auch Emile, das Urbild des Naturmenschen, erzogen."(Weimer & Jacobi, 1992, S. 104)

Rousseaus Bildungs- und Erziehungsansatz den er in „Emile ou de l'éducation" beschreibt, basiert darauf, die individuelle Natur des Lernenden und sein selbstbestimmtes Lerntempo zu akzeptieren. Mit diesem Ansatz beeinflusste Rousseaus die Werke vieler weiterer namhafter Pädagogen wie bspw. Johann Heinrich Pestalozzi oder Maria Montessori.

2.5 Die Bildungsreform des 18. und 19. Jahrhunderts

Das Deutschland des 18. Und 19. Jahrhunderts war geprägt von den Einflüssen der französischen Revolution. Verwaltungssysteme waren zusammengebrochen und mussten von Grund auf neu Organisiert werden, so auch das Bildungswesen. An der Spitze dieser Bildungsreformation stand Wilhelm von Humboldt, Freund Schillers und Schüler Heynes. Zusammen mit anderen namhaften Pädagogen dieser Zeit, schuf Humboldt das einheitlichste und radikalste Erneuerungskonzept, welches das deutsche Bildungswesen bis dahin erfahren hatte. (Gudjons & Taub, o. J., S. 95)

Verkörpert wurde die Bildungsreform durch die Gründung der Berliner Universität (1810). Sie galt von nun an als Sinnbild für freie wissenschaftliche Forschung und unabhängigen Denkens. Ab dem Jahr 1812 folgte schließlich die Reformation der alten Lateinschulen zu Gymnasien. Ziel war die Schaffung einer Vorstufe zur Universität in der es verpflichtende Inhalte wie alte Sprachen, Deutsch und Mathematik gab. Dies hatte auch die Entwicklung eines höheren Lehrerstandes zur Folge, der als eigenständiger Beruf nicht mehr ausschließlich von Theologen ausgeübt werden durfte und den entscheidenden Schritt zur Trennung von

Bildung und Kirche darstellte.(*Weimer und Jacobi - 1992 - Geschichte der Pädagogik.pdf*, o. J., S. 154)

Schließlich entwickelten sich über die Jahrzehnte auch noch Schulformen zwischen Gymnasium und Universität. Die sogenannten Real- und Bürgerschulen waren Mischformen aus Lateinschulen, welche die Entwicklung zum Gymnasium nicht schafften und anderen Schulformen, die sich seinerzeit bildeten. Die Real- und Bürgerschulen standen und stehen bis heute vor dem Konflikt, einerseits kein Gymnasium, anderseits keine Volkschule zu sein.(Gudjons & Taub, o. J., S. 97)

Die Bildungsreform Humboldts schuf die Grundlage für ein Schulsystem, dass sich im Laufe der weiteren Geschichte zwar immer wieder reformiert und weiterentwickelt hat, in seinen Grundzügen aber bis heute besteht.

Teilaufgabe A3

3.1 Einleitung

In der vorangegangenen Fragestellung A2 haben wir viel über historische Entwicklung der Pädagogik erfahren und darüber, wie sich unser heutiges Bildungssystem entwickelt hat. Würden wir Menschen fragen, was sie unter Bildung verstehen oder wie Bildung entsteht, würde ein Großteil vermutlich antworten, dass Bildung durch das „Lernen" in der Schule entsteht. Diese Annahme ist nicht falsch, mit einem Blick in die Literatur zum Thema Lernen stellen wir jedoch fest, dass der Begriff des „Lernens" weitaus umfassender ist als zunächst angenommen. Ziel dieser Ausarbeitung ist, den Begriff des „Lernens" genauer zu erläutern um anschließend den Unterschied zwischen formalem und informalem Lernen zu erörtern und an einem Beispiel aus dem Bereich der Sozialen Arbeit zu verdeutlichen.

3.2. Der Begriff des „Lernens"

Die Historie des Begriffs „Lernen" ist in der Literatur wie folgt beschrieben: *„Etymologisch ist das Wort "lernen" mit den Wörtern "lehren" und "Liste" verwandt und gehört zur Wortgruppe von "leisten", das ursprünglich "einer Spur nachgehen, nachspüren, schnüffeln" bedeutet. Im Gotischen heißt "lais" "ich weiß", bzw. genauer "ich habe nachgespürt" und "laists" für "Spur". Die indogermanische Wurzel *lais- bedeutet "Spur, Bahn, Furche"*(Lernen, o. J.)

Auf der Suche nach einer Definition des Begriffs „Lernen" treffen wir in der Literatur auf eine differenzierte Betrachtungsweise. Die Wissenschaft beschäftigt sich aus unterschiedlichen Perspektiven. mit dem Lernen, bspw. in einem psychologischen, aber auch in einem pädagogischen Zusammenhang.

Definition im psychologischen Kontext: *„Lernen (bzw. ein Lernprozess) hat stattgefunden, wenn in einer bestimmten Reizsituation eine stabile, überdauernde Verhaltensänderung auftritt, die weder durch biologische Faktoren* *(z.B. Reflexe, Instinkte, Gehirnreifung) noch durch Verletzung des Organismus (z.B. Gehirnverletzung, Erkrankung, Operation) bedingt ist."(Zum Begriff „Lernen" in der Psychologie, o. J.)*

Definition im pädagogischen Kontext: *„Besonders durch wiederholten Vollzug, Einsicht und Voraussicht beim Menschen und durch befriedigendes Ergebnis gewinnt die Verhaltensweise unter einer größeren Anzahl möglicher anderer Verhaltensweisen eine erhöhte Wahrscheinlichkeit des Eintritts."[18]*

Ein Lernprozess kann also durch pädagogische Interaktion oder Erfahrung stattfinden. In der Schule lernen wir beispielsweise neben Lesen, Schreiben oder Rechnen auch sozialrelevante Umgangsformen. Diese Form des Lernens findet in einem pädagogischen Rahmen statt, der bspw. durch den Lehrer vorgegeben wird. Ein Lernprozess kann sich im psychologischen Kontext aber auch auf das eher unbewusste Erlernen von bspw. Angst und Sicherheit, Vorlieben und Abneigungen oder der Entwicklung von Gewohnheiten beziehen.

3.3 Unterscheidung zwischen formalen und informalem lernen

Lernen kann ganz bewusst stattfinden z.B. am Arbeitsplatz, im Klassenzimmer oder vor dem mobilen Endgerät über eine App. Oder aber Lernen findet unbewusst, außerhalb der traditionellen Lernumgebungen statt, durch tägliche Lebenserfahrungen, ohne den Lernprozess bewusst wahrzunehmen.
Im Folgenden sollen beide Lernwelten, die des formalen und die des informellen Lernens, voneinander abgegrenzt und anhand eines Beispiels aus dem Bereich der sozialen Arbeit verdeutlicht werden.

---

[18] Dolch, J. (1965). Grundbegriffe der pädagogischen Fachsprache (6. Aufl.). München: Ehrenwirth, S.101, zitiert nach Prof. Dr. Arenberg, Studienbrief: Grundlagen der Pädagogik für die soziale Arbeit, S. 20"

3.3.1 Formales Lernen

Das formale Lernen entspricht einem systematisch, organisierten und strukturiertem Bildungsmodell und spiegelt damit den klassischen Bildungsprozess wie wir ihn an Bildungseinrichtungen wie Schulen, Universitäten oder Arbeitsplatz vorfinden wider. Formales Lernen findet immer in einem bestimmten Rahmen statt und folgt dabei einem konkreten Plan oder einem Modell, welches Lehrende und Lernende gleichermaßen einhalten müssen. Als Beispiel sei hier die Schulpflicht mit ihrem hierarchischen Aufbau und einem organisierten Tagesablauf zu nennen. Zudem umfasst das formale Lernen eine Leistungsmessung- und überprüfung die je nach erreichen oder nichterreichen der geforderten Ziele eine Zertifizierung bzw. Sanktion (z.b. vorrücken in die nächste Jahrgangsstufe oder sitzen bleiben) zur Folge hat.[19]

3.3.2 Informelles Lernen

Die oben beschriebenen Merkmale des formalen Lernens haben im Kontext des informellen Lernens nur wenig bis gar keine Bedeutung. Im Gegensatz zur institutionellen Strukturiertheit des formalen Lernens, verlagert sich das informelle Lernen auf Orte der freiwilligen Nutzung wie Familie, Peer Groups oder Medienwelten.[20]

„Informelles Lernen ist eine natürliche Begleiterscheinung des täglichen Lebens. Anders als beim formalen und nicht-formalen Lernen handelt es sich beim informellen Lernen nicht notwendigerweise um ein intentionales Lernen, weshalb es auch von den Lernenden selbst unter Umständen gar nicht als Erweiterung ihres Wissens und ihrer Fähigkeiten wahrgenommen wird."(Memorandum über Lebenslanges Lernen, o. J., S. 9)

Theoretisch lassen sich beide Lernwelten voneinander abgrenzen, im täglichen Leben neigen sie jedoch dazu, sich zu überschneiden. So lernt ein Kind während

---

[19]Vgl.:(TOP_5_Non_formale_und_informelle_Lernprozesse_in_der_Kinder__und_Jugendarbeit _und_ihre_Nachweise.pdf, o. J.-a, S. 22)
[20]Vgl.:(TOP_5_Non_formale_und_informelle_Lernprozesse_in_der_Kinder__und_Jugendarbeit _und_ihre_Nachweise.pdf, o. J.-b, S. 22)

des Unterrichts in der Schule einerseits formal, andererseits findet in den Pausen zwischen den Unterrichtsstunden auch ein informeller Lernprozess statt.

3.4 Unterscheidung des formalen und informellen Lernprozesses anhand eines Beispiels aus der Sozialen Arbeit

Um die Unterschiede zwischen formalem und informellem Lernen an einem praktischen Beispiel aus der sozialen Arbeit zu verdeutlichen, möchte ich über meine persönliche Erfahrung aus diesem Bereich berichten.

Seit April 2021 arbeite ich in der sozialen Rehabilitation für Menschen mit psychischer Erkrankung und Sucht (Doppeldiagnose) der Herzogsägmühle in Peiting bei Schongau. In dieser Einrichtung melden sich Menschen auf freiwilliger Basis, die an einem gewissen Punkt in Ihrem Leben erkannt haben, dass Sie aufgrund Ihrer psychischen Erkrankung und Sucht nicht mehr selbstständig am gesellschaftlichen Leben teilhaben können. Diese Menschen entscheiden sich bewusst, für Monate oft sogar Jahre aus Ihrem gewohnten Umfeld auszubrechen, um in der Herzogsägmühle zu lernen wieder ein selbstbestimmtes Leben zu führen.

Neben den Krankheitsbildern die medikamentös behandelt werden müssen haben unsere Klienten im Laufe ihres Lebens oft verlernt, auf Grund von Suchtdruck und sozialen Missständen, ihrem Alltag eine Struktur zu geben. Einfache Dinge des Alltags wie, Einkaufen, Putzen, Waschen, Sport oder eben Arbeit, sind für sie in den Hintergrund getreten, da psychische Belastung und die Sucht, jeden Tag ihres bisherigen Lebens dominiert haben. Diese Dinge lassen sich nicht in einem formalen Lernprozess vermitteln. Das bedeutet, dass sich unsere Klienten nicht in einen Raum, ähnlich eines Klassenzimmers setzen und sich erklären lassen, wie sie ihre Einkaufsliste oder den Putzplan schreiben sollen. Auch sind jede Art von Lerndruck bei psychischen Erkrankungen nicht förderlich. Vielmehr müssen unsere Klienten langsam an diese Aufgaben des Alltages herangeführt werden. Dabei bringt jeder unserer Klienten seine eigene, persönliche (Krankheits-) Geschichte mit und benötigt daher auch eine individuelle Betreuung.

Klienten die neu in der Herzogsägmühle aufgenommen werden, sind zu Beginn keine Selbstversorger, das heißt sie bekommen drei Mahlzeiten pro Tag von der Einrichtung gestellt. Je nach Verfassung und Motivation, bekommen sie das Angebot sich den Selbstversorgerstatus zu verdienen, indem sie zunächst ein Einkaufstraining absolvieren und anschließend einen Kochkurs. Dazu gehört das Schreiben einer Einkaufsliste, die Kalkulation des Budgets und das Kreieren von Rezeptideen. Die Klienten bekommen Unterstützung falls nötig, sollen diese Aufgaben aber weitestgehend selbständig erfüllen, indem sie sich mit anderen Klienten austauschen, die sich den Selbstversorgerstatus bereits erarbeitet haben. Durch den sozialen, ungezwungenen Austausch kann ein informeller Lernprozess stattfinden an dessen Ende die Klienten im Idealfall eigenverantwortlich mit Ihren finanziellen Mitteln umgehen können, entscheiden können welche Nahrungsmittel für welche Rezepte eingekauft werden müssen, wie nachhaltig einkauft werden kann und welche Mengen eingekauft werden müssen. Zu guter Letzt, findet der Kochkurs mit Klienten und Betreuern statt, der nach Beendigung schließlich zum Erwerb des Selbstversorgerstatus führt.

III. Literaturverzeichnis

1. Alltagspsychologie, Laienpsychologie und Küchenpsychologie – WPGS. (o. J.). Abgerufen 13. April 2021, von https://wpgs.de/fachtexte/wirtschaftspsychologie/alltagspsychologie-laienpsychologie-und-kuechenpsychologie/

2. Berger-Grabner, D. (2016). Wissenschaftliches Arbeiten in den Wirtschafts- und Sozialwissenschaften. Springer Fachmedien Wiesbaden. https://link.springer.com/content/pdf/10.1007%2F978-3-658-13078-7.pdf

3. Birgitta Fuchs. (o. J.). Geschichte des pädagogischen Denkens— 9783838552705. Verlag Barbara Budrich Opladen & Toronto 2019.

4. Gudjons, H., & Taub, S. (o. J.). Pädagogisches Grundwissen 13. Auflage 2020—9783838555232 (13. Aufl.). Verlag Julius Klinkhardt.

5. Kuhlmann, C. (2013). Erziehung und Bildung. Springer Fachmedien Wiesbaden. https://doi.org/10.1007/978-3-531-19387-8

6. Lernen. (o. J.). Abgerufen 18. Mai 2021, von https://www.bionity.com/de/lexikon/Lernen.html

7. Memorandum über Lebenslanges Lernen. (o. J.). 43.

8. Müsseler, J., & Rieger, M. (Hrsg.). (2017). Allgemeine Psychologie. Springer Berlin Heidelberg. https://doi.org/10.1007/978-3-642-53898-8

9. Neyer und Asendorpf—2018—Psychologie der Persönlichkeit.pdf. (o. J.). Abgerufen 8. April 2021, von https://link.springer.com/content/pdf/10.1007%2F978-3-662-54942-1.pdf

10. Prof. Dr. Arenberg, P. (o. J.). Studienbrief SRH Fernhochschule Titel Nr. Einführung in die theoretischen Ansätze der Psychologie 1156-02.

11. Raithel, J., Dollinger, B., & Hörmann, G. (Hrsg.). (2009). Jean-Jacques Rousseau (1712–1778). In Einführung Pädagogik: Begriffe · Strömungen Klassiker · Fachrichtungen (S. 103–109). VS Verlag für Sozialwissenschaften. https://doi.org/10.1007/978-3-531-91828-0_11

12. Rauch—2019—Empirische Analyse.pdf. (o. J.). Abgerufen 28. April 2021, von https://link.springer.com/content/pdf/10.1007%2F978-3-658-27071-1_5.pdf

13. Scholastik | Thema | Herder.de. (o. J.). Abgerufen 11. Mai 2021, von https://www.herder.de/religion-spiritualitaet/kirche/scholastik/

14. TOP_5_Non_formale_und_informelle_Lernprozesse_in_der_Kinder__und
_Jugendarbeit_und_ihre_Nachweise.pdf. (o. J.-a). Abgerufen 18. Mai
2021, von

http://www.jugendsozialarbeit.de/media/raw/TOP_5_Non_formale_und_inf
ormelle_Lernprozesse_in_der_Kinder__und_Jugendarbeit_und_ihre_Nac
hweise.pdf

15. Universitäten (Spätmittelalter) – Historisches Lexikon Bayerns. (o. J.).
Abgerufen 11. Mai 2021, von https://www.historisches-lexikon-
bayerns.de/Lexikon/Universit%C3%A4ten_(Sp%C3%A4tmittelalter)

16. Urschler, D. F. (2018). Menschen brauchen Hilfe, andere schauen nur zu?
Blick in die Wissenschaft, 24(31), 18–20.
https://doi.org/10.5283/bidw.v24i31.34

17. WDR. (2021, April 26). Leben im Mittelalter: Scholastik.
https://www.planet-
wissen.de/geschichte/mittelalter/leben_im_mittelalter/pwieglaubeundwisse
ndiescholastik100.html

18. Weimer, H., & Jacobi, J. (1992). Geschichte der Pädagogik (19., völlig neu
bearbeitete Aufl). W. de Gruyter.

19. Weimer und Jacobi—1992—Geschichte der Pädagogik.pdf. (o. J.).
Abgerufen 3. Mai 2021, von https://publishup.uni-potsdam.de/opus4-
ubp/frontdoor/deliver/index/docId/4825/file/Weimer_Jacobi_Geschichte_de
r_Paedagogik.pdf

20. Zum Begriff „Lernen" in der Psychologie. (o. J.). Abgerufen 18. Mai 2021,
von http://lernen.psycho-wissen.net/zum-begriff-lernen/index.html